Viajes oníricos conscientes para niños

Los más bellos viajes de fantasía para conciliar el sueño, meditar y ser más consciente

Miriam Zimmermann

CONTENIDO

Prólogo

¡Hola y bienvenido a esta guía!

En este libro me gustaría presentarte el maravilloso tema de los viajes oníricos para niños. En un mundo lleno de estrés y ajetreo, todos agradecemos un poco de distracción y un poco de relajación entre horas. No sólo los adultos nos sentimos así, nuestros hijos también necesitan un descanso del estrés de la vida cotidiana de vez en cuando. Debido a su apertura a la fantasía y la creatividad, los niños son especialmente buenos para sumergirse en un mundo de fantasía. Como padres, podéis utilizar esta capacidad para crear un viaje de ensueño como un tiempo especial en familia. Pero, ¿cómo funciona realmente un viaje así y a qué debes prestar especial atención? ¿Qué entorno y qué momentos del día son adecuados y debes seguir ciertas pautas como narrador? Me gustaría darte estas respuestas en esta guía para que estés bien preparado para esta gran experiencia y puedas disfrutar realmente de este fantástico momento. Un viaje onírico de este tipo es una experiencia muy individual y personal, por lo que deja mucho espacio para tus propias necesidades.

Como padres, sabéis exactamente lo que es bueno para vuestro hijo y, por tanto, debéis confiar en vuestra intuición. Involucra con calma a tu hijo en la selección de las historias. Cuanto más disfrute el niño, más probable será que se relaje y se beneficie del viaje onírico. ¡Disfruta del momento en que no tienes que hacer nada estresante y puedes simplemente estar ahí para tu hijo! A continuación encontrarás algunos viajes oníricos que te ofrecen variedad y con los que ya puedes practicar.

Ahora te deseo mucha diversión y, sobre todo, ¡una relajación maravillosa!

Introducción

¿Qué son los viajes oníricos?

Los viajes oníricos son narraciones que tratan de lugares ficticios y, por tanto, transportan suavemente al oyente a otro mundo. Los textos contienen descripciones que estimulan todos los sentidos e implican mucha imaginación. Los objetos y entornos se describen con la mayor precisión posible y con gran detalle. ¿Qué colores se ven o qué forma tienen las cosas que el oyente encuentra en el viaje? Los olores y los sonidos también desempeñan un papel importante. El oyente debe poder sentirse intensamente dentro del mundo de fantasía y alejarse así mucho de la realidad. ¿Cómo se siente el sol en la piel o con qué fuerza sopla el viento en el pelo? Todo esto conduce a un alto nivel de concentración y, al mismo tiempo, fomenta la imaginación y la fantasía del viajero. La concentración necesaria ayuda al oyente a centrarse por completo en sus propias sensaciones. El resultado es, por tanto, un estado absoluto de relajación, que mucha gente echa de menos en la vida cotidiana. Especialmente para los niños, los viajes oníricos son una forma excitante y al mismo tiempo emocionante de sentir la relajación de forma natural.

La creatividad es especialmente atractiva para los niños más pequeños, porque su imaginación es enorme y hay que dejar que se despliegue. Las historias suelen seguir una línea argumental sencilla, con pocos personajes, y se concentran en los detalles. Todos los temas se eligen para transmitir una sensación de calma y serenidad. Por tanto, el suspense no debe contener picos para no perturbar la calma constante del oyente. El narrador describe cada imagen de la historia con tanta intensidad que no es necesaria una gran acumulación de tensión para dotar a las narraciones de una tensión propia. El oyente, a su vez, rastrea la imagen descrita en su mente y contempla todos los detalles en paz y completamente relajado. Además de ser un bonito pasatiempo que se puede hacer en familia con un número ilimitado de oyentes, el viaje onírico se utiliza ahora también con fines terapéuticos, ya que combina bien la relajación mental y física. No sólo se benefician los niños, sino también muchos adultos dispuestos a realizar un viaje onírico de este tipo alguna vez. Así que tú y tus hijos podéis beneficiaros de un estado meditativo de relajación absoluta y de la relajación muscular completa que proporciona el viaje.

Muchas de las historias tratan de lugares que podemos imaginar bien porque ya los hemos visto alguna vez. El mar, un valle profundo, un cielo despejado; todas estas cosas despiertan en nosotros un sentimiento positivo porque nos sentimos especialmente cómodos allí. Las historias recogen este sentimiento y lo intensifican con descripciones profundas. Al final de las historias, el cuerpo y la mente están en armonía y han extraído nuevas energías para la vida cotidiana. Un viaje onírico es, por tanto, una táctica poco

esforzada y bien ejecutada para darse a uno mismo
y a los demás un pequeño descanso.

Los preparativos

¿Para quién son adecuados los viajes de ensueño? En primer lugar, los viajes oníricos son adecuados para cualquier persona que esté dispuesta a realizarlos y pueda recuperar más energía mediante esta técnica de relajación. Nadie necesita sentirse especialmente estresado para beneficiarse de un viaje onírico, aunque puede reducir los niveles de estrés. Sin embargo, para empezar, ayuda igualmente no volverse tan propenso al agobio.

Esto es especialmente importante para los niños, ya que incluso los más pequeños pueden sufrir mucho estrés y a menudo reaccionan a él con trastornos del sueño. Conciliar el sueño es especialmente difícil y la noche se caracteriza por constantes vueltas en la cama y despertares recurrentes. Así, el sueño no es reparador ni para los niños ni para los padres, lo que se vuelve a notar al día siguiente. Por eso, una buena opción es hacer el viaje de los sueños antes de acostarse. Esta maravillosa alternativa al cuento de buenas noches permite a tu hijo relajar cuerpo y alma de tal modo que no se lleva ninguna preocupación al sueño.

Las historias evocan sentimientos positivos, tranquilos y relajados, de modo que se crea un requisito previo óptimo para conciliar el sueño. Un viaje onírico también es beneficioso para los niños que están especialmente hiperactivos o muy cansados después del colegio. Puede hacerse antes de los deberes, por ejemplo, para estimular la concentración, o justo después del colegio para ayudarles a procesar lo que han vivido. El momento depende de las situaciones en las que tu hijo tenga problemas o ante las que reaccione con estrés. Observa atentamente a tu hijo para averiguar cuánto tiempo de tranquilidad necesita. Para algunos niños, un cuento corto es suficiente para que se callen, para otros es útil un cuento más largo. Sin embargo, es importante que tu hijo lo disfrute y que la jornada no se convierta en una tarea diaria.

ALREDEDORES

El entorno en el que realices los viajes oníricos depende del lugar en el que tú y tu hijo os sintáis cómodos, y quizá también de la hora del día en la que queráis realizar el viaje. Por la noche, es una buena idea leer en voz alta el viaje onírico en la comodidad de vuestra cama. Haz todas las tareas junto con tu hijo de antemano, como cambiarse o ir al baño. De este modo, tu hijo podrá concentrarse en relajar cuerpo y alma. Las tareas desagradables ya no están a la orden del día. Una vez que el niño se ha tranquilizado después de leer en voz alta, éste es el mejor requisito para un sueño reparador. Por supuesto, también puedes elegir un entorno diferente para leer en voz alta. Si hace buen tiempo, también es divertido tumbarse en la hierba con una manta, en una hamaca o simplemente encontrar un lugar agradable en medio del bosque. También puedes preferir construir una cueva acogedora en medio de la sala de estar y utilizar la seguridad de su interior para iniciar juntos el viaje. Siéntete libre de ser creativo y prueba lo que más te convenga.

LOS UTENSILIOS

¿Qué necesitas para un viaje de ensueño óptimo? En principio, todo lo que tú y tu hijo necesitéis para estar cómodos. Esto puede incluir cojines y mantas suaves, una esterilla de gimnasia, tal vez unas velas o una sombrilla si quieres hacer el viaje al aire libre. La ropa cómoda también te ayuda a sentirte físicamente a gusto. Por lo demás, no necesitas nada más que la alegría de escuchar y leer en voz alta.

LA LECTURA EN VOZ ALTA

Como padre, probablemente ya tengas experiencia en la lectura en voz alta. Sin embargo, leer un cuento de sueños es un poco diferente del cuento habitual antes de dormir. Asegúrate de leer en voz alta a un ritmo constante y lento. No utilices un énfasis exagerado e introduce una pausa de vez en cuando para que tu hijo pueda permanecer un momento más en esa situación ficticia. Por ejemplo, cuando se hable de los sentidos, es decir, cuando se palpe algo con las manos o se preste atención a un sonido. Dale tiempo para que se imagine las imágenes descritas con toda claridad. Intenta leer con fluidez y respirar de forma uniforme. Incluso puedes practicar los viajes oníricos con antelación para que se sienta seguro al enfrentarse al texto. Ahora ya has recibido algunos incentivos para poder diseñar juntos el viaje de tus sueños según tus ideas. Si no sale bien desde el principio, no te preocupes. Aquí también, la práctica hace al maestro y no todos los niños pueden implicarse en los viajes de fantasía desde el principio. Con un poco de práctica, así como de hábito y, sobre todo, sin estrés, seguro que pronto funcionará.

Las historias

LA RÁFAGA DE NIEVE

Imagina que abres la puerta principal y todo lo que ves es blanco. Ha nevado y tu jardín está completamente cubierto de nieve. El viento frío te golpea y entrecierras un poco los ojos para que los copos de nieve y el aire frío no vuelen hacia ellos. El prado y la acera forman una única superficie blanca. Es tan hermosa la forma en que la nieve lo cubre todo, completamente intacta. Aquí y allá puedes ver los arbustos del jardín. Pero ahora parecen pequeños montículos de nieve que alguien ha colocado en medio del césped. Te has abrigado bien, así que sólo puedes sentir el aire helado en las mejillas. Sientes un ligero cosquilleo en la cara. El gorro y la bufanda te calientan la cabeza, el grueso traje de nieve el cuerpo y las botas y los guantes te mantienen calientes las manos y los pies.

Sales con cuidado a la nieve e inmediatamente tus pies se hunden tanto en ella que te haces un poco más pequeño. Mira, la nieve te llega a las rodillas. Miras al cielo y ves los gruesos copos volando desde todas partes, como si te estuvieran esperando. Parece como si bailaran unos con otros en el viento. Llenos de alegría, se dejan llevar por la ligera brisa y luego aterrizan muy suave y silenciosamente en la tierra. Algunas se posan sobre tu ropa. Permanecen allí un rato y puedes ver cómo se derriten lentamente y dejan una pequeña mancha húmeda. En tu gorro ya se ha formado una capa blanca. Incluso en tus pestañas se quedan pegados los copos de nieve. Cuando parpadeas, caen y se posan cuidadosamente en tu nariz. ¿Puedes sentir lo fríos que están?

Una ráfaga atrapa ahora los copos de nieve y se arremolinan en el aire con toda su fuerza, como si se persiguieran unos a otros. Un copo vuela más rápido que el otro. Durante un breve instante vuelven a elevarse y luego bajan hacia ti. Intenta atraparlos. Estira los brazos y abre las palmas de las manos. Comprueba cuántas se han posado ya en tus guantes. Caminas unos pasos por la nieve. Sientes las piernas muy pesadas. Primero tienes que sacar los pies de la nieve profunda y luego volver a hundirlos con el siguiente paso. Es agotador, ¿verdad?

Oyes el suave crujido en cuanto tus zapatos tocan la nieve y la empujan hacia abajo. Detrás de ti, ves tus grandes huellas, que dejan profundos agujeros en la capa de nieve. Un pequeño pájaro pardo vuela y se refugia del viento en una de tus huellas. Primero se sacude la nieve de las alas y empieza a acicalarse. Se sienta un momento y descansa, puedes ver claramente su respiración. Está un poco sin aliento porque el vuelo a través de la nieve es muy agotador. Cuando recupera lentamente las fuerzas, levanta el vuelo y desaparece entre los copos de nieve en la distancia.

Caminas un poco más y te pones en cuclillas. Tus manos recorren la superficie lisa de la nieve. Te quitas los guantes para sentir realmente la nieve. La sientes helada y suave. ¿La sientes? Coges un poco de nieve con las dos manos y formas una pequeña bola con ella. La nieve se vuelve cada vez más dura y tu bola se vuelve muy suave y firme. Se siente muy sólida, casi como una bola de hielo. La tiras un poco y la bola blanca vuelve a caer en la nieve con un suave "plop". Es bastante pesada y se hunde en la nieve de modo que ya no puedes verla. Ha dejado un agujero redondo en la nieve.

Observa los copos y cómo caen en el agujero. Poco a poco lo van llenando. Un copo tras otro navegan por el agujero hasta que vuelve a estar completamente cerrado. Ahora reina un silencio absoluto a tu alrededor. No circula ningún coche por la nevada y la mayoría de la gente se ha acomodado en casa. Un único rayo de sol penetra a través de las espesas nubes e ilumina la nieve del suelo frente a ti. Alrededor del rayo de sol se acumulan espesas nubes blancas. Sólo un rayo consigue atravesar la capa de nubes.

Te tumbas en la mullida alfombra blanca y observas los brillantes copos que soplan a través del rayo de sol. Se hacen cada vez más gruesos. Con los brazos y las piernas haces ahora un gran ángel de nieve en la manta blanca. Una y otra vez dejas que tus brazos se deslicen arriba y abajo y tus piernas empujan la nieve hacia la derecha y hacia la izquierda. Estás entrando en calor.

¿Notas que no hace tanto frío cuando te mueves? Con cuidado, te levantas y miras a tu hermoso ángel. El rayo de sol le hace brillar intensamente. Le has dado dos hermosas y grandes alas con tus brazos y le has dibujado un hermoso vestido con tus piernas. Es tan alto como tú y ahora los copos de nieve también se posan sobre su ropa. Dibujas más ángeles de nieve sobre la superficie blanca para que tu ángel ya no esté solo. Uno a uno te dejas hundir de espaldas en la nieve y agitas los brazos y las piernas.

Luego te levantas lentamente y te quitas el resto de la nieve del traje. Tus angelitos están ahora repartidos por todo el prado. Parecen una gran familia, pero ninguno se parece exactamente al otro. Son fáciles de reconocer, aunque los copos de nieve sigan cayendo diligentemente. Los ángeles parecen felices, has hecho de ellos una verdadera obra de arte.

Notas que poco a poco va oscureciendo un poco. El sol se pone poco a poco. Te quedas un rato en el jardín y, cuando se encienden las farolas, sólo ves los copos de nieve que caen bajo su resplandor.

Ahora parecen salir directamente de la linterna. Paseas un poco más por el jardín y deseas buenas noches a cada angelito. "¡Que durmáis bien, queridos ángeles!" Mira, ahora todos parecen cansados. ¿Tú también estás cansado y estás deseando irte a la cama calentito? Te metes dentro y te acurrucas en tus suaves mantas. Cuando cierres los ojos, te sentirás como si estuvieras fuera, en la nieve. Ahora duerme bien y ten una noche maravillosa y suaves sueños blancos.

¿Te has preguntado alguna vez qué hacen realmente los murciélagos por la noche? Yo me lo he preguntado muchas veces y hoy me gustaría averiguarlo. ¿Me acompañas? El otro día conocí a un murciélago muy especial. Se llama Willi y es bastante grande. Tiene unas alas muy anchas con las que puede planear por el aire a la velocidad del rayo. Sígueme y te enseñaré dónde podemos encontrarlo. Caminamos por la acera. No haremos ruido, porque es tarde y no queremos despertar a nadie. Así que intenta caminar lo más suavemente posible para que nadie nos oiga.

A la luz de las farolas podemos ver bien la acera, pero las casas a nuestra izquierda y derecha parecen todas muy oscuras y apenas se distinguen las ventanas y las puertas. Esta noche no hace nada de frío, porque el sol ha brillado todo el día. El suelo parece polvoriento y con nuestros zapatos levantamos parte del polvo. A través del haz de luz de las linternas podemos ver claramente cómo se arremolina. Siento como si camináramos a través de una espesa niebla.

Disfruto caminando por la penumbra y me siento como en una misión secreta. Dejamos atrás las casas grises y entramos en un pequeño callejón. A nuestra derecha e izquierda, las tiendas ya han cerrado sus persianas. A lo lejos oigo el canto de los búhos, que resuenan en la noche. ¿Tú también los oyes? ¿Has visto alguna vez un búho? Suenan muy cerca y probablemente estén sentados allí, en los árboles. Caminamos por el sendero y llegamos a un viejo taller. De nuevo, no hay nadie trabajando a estas horas, pero aún se oyen ruidos en el interior. Tienes que escuchar con atención. No son especialmente fuertes. Un suave pitido, unos aleteos y un suave aleteo nos llegan amortiguados desde el exterior.

Abro la gran puerta doble y entramos lentamente. Saco la linterna del bolsillo y la enciendo. Con un pequeño clic se enciende y el haz de luz cae sobre el suelo que tenemos delante. Es un suelo de hormigón frío, familiar de los talleres. Hay pequeñas y grandes manchas de aceite aquí y allá. Yo también las huelo. ¿También crees que el aire aún huele a eso? Ahora hay silencio en el taller. Apunto la linterna hacia arriba y la dirijo hacia las vigas de acero gris. Ahí es donde les gusta sentarse a los murciélagos. Les encanta colgarse del techo y ver todo el taller.

Y por allí ya podemos ver a Willi. Creo que ya nos estaba esperando. Está colgado del techo y se balancea cómodamente de un lado a otro. ¿Ves lo fácil que le resulta? Debe de tener unas piernas muy fuertes. Willi ya se ha dado cuenta de nuestra presencia y se ha descolgado del techo. Es bastante enorme y el viento de los golpes de sus alas nos da de lleno en la cara cuando aterriza justo delante de nosotros. "He oído que hoy os vais de viaje", dice Willi alegremente. Mueve la nariz y suelta una risita. Willi se hace un poco más pequeño para que podamos subir. Puedes sentarte delante para poder verlo todo.

Metemos la mano en su suave pelaje y nos levantamos con cuidado. Su cuerpo es agradable y cálido, realmente puedo sentirlo en mis piernas. ¿Tú también puedes sentir el cálido pelaje en tu piel? ¿Por qué no le acaricias la cabeza y las orejas? Eso le gusta y también tiene mucho pelaje ahí. ¿Puedes sentir cómo disfruta con el tacto?

Willi se está enderezando de nuevo. Sólo tienes que agarrarte a su pelaje, él vuela con mucho cuidado, así que puedes relajarte. Con una pequeña sacudida, Willi se levanta del suelo y se dirige a la gran ventana del taller. Está abierta de par en par, pero aún así me agacho un poco para que quepamos por ella. Entonces estamos fuera, en la noche oscura. Nuestro murciélago despega aún más y ahora podemos contemplar los tejados de las casas desde arriba. Tiene un aspecto precioso y no está tan oscuro como cuando atravesamos el callejón. Por todas partes se ven las luces encendidas en las casas, como si miles de estrellas hubieran caído a la tierra. Creo que estamos en un mar de luces.

Las estrellas brillan sobre nosotros desde arriba y las lámparas de las casas nos iluminan desde abajo. Willi vuela a paso firme sobre la ciudad y el viento sopla suave y cálido en nuestras caras. Mi pelo ondea al viento y oigo el suave susurro de la corriente de aire en mis oídos. El aire es realmente fresco y sienta bien. A lomos de Willi sobrevolamos el bosque. Puedo mirar las copas de los árboles, las ramas parecen muy negras en la oscuridad. Entre las ramas veo unos ojos pequeños y brillantes. Deben de ser los búhos que hemos oído antes. Seguro que nos reconocen. Saco una mano del pelaje de Willi y saludo enérgicamente a los búhos. Vamos, ¡uníos! Los saludamos de dos en dos y entonces se oye un suave "Shoo, shoo" desde los árboles. Así que se han fijado en nosotros. Al final del bosque, Willi vuela un poco más bajo.

Ahora estamos justo encima del río. Willi empieza a reírse. Luego, de repente, vuela aún más bajo y toca la superficie del agua con los pies. A derecha e izquierda de nosotros empieza a chapotear. El agua se agita con los pies de Willi y muchas gotitas vuelan a nuestras caras, a nuestras manos y creo que una acaba de caer en la punta de mi nariz. A Willi le hace mucha gracia y yo también me río. Por suerte, el aire sigue siendo cálido y con el viento nos secaremos rápidamente.

Ahora Willi despega de repente hacia arriba de nuevo. "Hasta las nubes", grita alegremente y nos agarramos a su cuello. Ahora sí que va rápido. Siento cómo mi camiseta y mis pantalones se agitan con el viento. Sube cada vez más. Entonces, de repente, todo se vuelve completamente blanco. Parece una niebla densa y siento una masa blanda en los brazos. Hemos aterrizado en medio de una capa de nubes. Parece un paisaje nevado, simplemente fantástico. A Willi también le parece fantástico y vuela de una nube a otra. Me siento como en otro mundo. ¿Te gusta tanto como a mí?

Me encantaría bajar y caminar descalza sobre las nubes. Me pregunto qué se sentiría. Saltaría sobre las nubes y me dejaría caer. Luego estiraría los brazos y las piernas al máximo, rodaría sobre la nube y me escondería en ella. "Me encantan las nubes", nos dice Willi, y yo no puedo más que darle la razón. Surcamos las nubes durante un rato más y luego volvemos a bajar. Ahora estamos en las afueras de la ciudad y bajo nosotros veo los campos de los granjeros. Willi vuela cada vez más bajo y muy cerca sobre los campos. En la oscuridad, los prados parecen infinitamente amplios. De vez en cuando puedo tocar con los pies el trigo, que ya ha crecido mucho.

Uf, me estoy cansando bastante de todas las impresiones que hemos vivido hoy. Me aprieto más contra el pelaje de Willi y me limito a escuchar el sonido del batir de sus alas. ¿Ya estás tan agotada? Creo que Willi puede leer nuestros pensamientos y en un gran semicírculo gira sobre los amplios campos. Volamos de vuelta y nos dejamos llevar suavemente sobre las casas de la ciudad. Ahora ya no quedan muchas luces en la ciudad, probablemente la mayoría de la gente ya se ha acostado. Yo también tengo ganas de dormir. ¿Tú también esperas soñar con el viaje de los murciélagos esta noche? Es un bonito pensamiento con el que poder conciliar el sueño.

Mientras bajamos de la espalda de Willi, siento las piernas raras. Creo que me duele el músculo del bate. Tanto mejor que ahora puedan descansar en mi cama. Te deseo una noche maravillosa y sueños ventosos.

¿Alguna vez has deseado ser realmente pequeño? ¿Tan pequeño como un ratoncito? Eso debe ser muy emocionante. Cabes por todas partes y puedes correr por los túneles más pequeños. Creo que deberíamos probarlo. Sólo tienes que cerrar los ojos muy fuerte e imaginártelo. Yo también cierro los ojos e imagino que mi habitación es de repente mucho, mucho más grande.

Inspiro lentamente tres veces y espiro lentamente otras tres, entonces abro los ojos de nuevo y apenas puedo creerlo. Sigo tumbada en mi cama, pero todo a mi alrededor es enorme. Mi edredón proyecta una gran sombra sobre mí y mi almohada es de repente tan alta como una casa. Tengo que pensar un momento qué es lo primero que quiero hacer, pero entonces lo sé. Quiero salir fuera y sentirme como un ratón por una vez. Camino por el colchón hasta el borde de la cama. Al hacerlo, puedo rebotar en él como en un castillo hinchable. Me siento con cuidado en el borde y bajo lentamente por la pata de mi cama. Aterrizo sobre mi alfombra. Las fibras me llegan a las rodillas y me siento como si estuviera sobre hierba alta. Avanzo penosamente por mi alfombra, es bastante agotador.

La alfombra me hace cosquillas en las piernas y tengo que soltar una risita. Aparto las gruesas cerdas con las manos para poder pasar mejor. Entonces llego al final de la alfombra y atravieso las baldosas. Tengo que tener cuidado de no caerme en las líneas de lechada. Cuando son tan pequeñas, parecen canalones gigantes. Así que salto por encima de cada junta. Tengo que coger carrerilla y saltar, saltar por encima.

Así que me dirijo a nuestra gatera para poder salir al exterior. Empujo contra la gatera y apenas consigo que se mueva. No había pensado en ello. Cuando eres tan pequeño, todo pesa mucho. Empujo aún más con las dos manos. La solapa se siente fría y pesada, pero al final lo consigo. Me cuelo por el hueco y vuelvo a bajar por el otro lado. Aterrizo de culo en la hierba. Me siento como en un laberinto. Las briznas de hierba son mucho más altas que yo y no veo adónde voy.

Estoy en un bosque de hierba y primero corro campo a través. Sé que hay unos ratones detrás de nuestra casa y ahí es donde quiero ir. Ahora sólo tengo que encontrar el camino. Todo lo que veo es verde. Rodeo un diente de león. Su flor amarilla se alza sobre mí como un gran paraguas brillante. Una abeja está posada sobre la flor. Tiene el tamaño de un pastor alemán y está ocupada chupando el diente de león. No me presta atención, así que sigo caminando. De repente, un grupo de hormigas viene hacia mí. Llevan un montón de hojas a la espalda. "Cuidado, apártate", me grita la de delante. Doy un salto a un lado y quiero dejarlas pasar.

"¿Sabéis dónde puedo encontrar a los ratones?", pregunto entonces. Las hormigas se detienen y me miran. "Me temo que no tenemos tiempo", dice una pequeña hormiga roja. "Tenemos que cuidar de la familia y tenemos mucho que hacer". Están a punto de seguir adelante cuando se me ocurre una idea. "Quizá pueda ayudaros", sugiero. "A cambio, después podéis llevarme con los ratones". Los animalitos se miran interrogantes. Pero luego parece que les gusta mi sugerencia. "¿Cuánto puedes cargar?", oigo que pregunta una voz suave. "Llevo todo lo que puedo de alguna manera", respondo.

Las hormigas se dan la vuelta y me dicen que las siga. Corro tras ellas y llegamos a una ladera.

Hay exuberantes hojas verdes por todas partes. Empiezo a amontonar las hojas. Cuando creo que ya he tenido bastante, las levanto y me doy cuenta de lo pesadas que son. "¿Y hacéis esto todo el día?", pregunto asombrada. Asienten con la cabeza. "Somos muchos y todos tenemos hambre", respondo. Me subo las hojas a la cabeza y juntos caminamos hasta su hormiguero. Dejo las hojas en la entrada y otra bandada de hormigas sale corriendo del hormiguero y empieza a llevar las hojas al interior. Caminamos de un lado a otro unas cuantas veces más. Ya estoy muy sudada y se me deben de estar poniendo los músculos como locos.

"Ya basta por ahora", oigo decir por fin a la gran hormiga. "Ven conmigo, ahora te llevaré a los ratones". Me siento aliviada, porque mi ropa ya está bastante mojada por el sudor y no tengo nada de mi talla para cambiarme. Por suerte, ahora caminamos un poco más despacio y recupero el aliento. Vamos a izquierda y derecha, por encima de piedras y palos. Entonces distingo nuestra cabaña del jardín. "Gracias, ahora sé dónde estoy", le digo a la hormiga y me despido amistosamente. Me acerco a la valla de nuestro jardín. Está tan alta que ni siquiera puedo ver el final porque el sol me ciega. Luego llego al cobertizo y camino hacia la parte de atrás. Los ratones han construido allí un pasadizo. A menudo me siento aquí y los observo desde lejos.

Normalmente me tienen miedo, pero hoy apenas soy más grande que ellos. Camino hacia la entrada y me agacho. Me agacho un poco en el agujero, pero no puedo ver mucho porque el túnel está a punto de tomar una curva. Entonces oigo un pitido excitado. Parece como si varios ratones pitaran a la vez, y antes de que pueda saltar a un lado, un pequeño grupo de niños ratón me atropella.

Aterrizo en la hierba y vuelvo a estar en medio del verde, donde no puedo ver nada. Estoy cubierto de tierra polvorienta. Con mis pequeñas manos intento quitarme la suciedad de la piel, pero no es nada fácil. Las partículas de polvo son tan grandes que realmente tengo que hacer un esfuerzo. Cuando vuelvo a abrir bien los ojos, veo una nariz. Es grande y negra y tiene largos bigotes. Me sobresalto un momento, pero luego reconozco la cara sonriente de un ratón. "Ahora eres tan moreno como nosotros", se ríe el ratón. De fondo oigo a los otros ratones reírse a carcajadas. Se ríen un rato más, mientras yo empiezo a desear una ducha a fondo.

"Es que no te hemos visto, ¿estás bien?", pregunta entonces desde el fondo un ratón especialmente pequeño. Soplo un poco de polvo y asiento con la cabeza. "Normalmente nadie se queda fuera de nuestra entrada", me explica. "Quería echar un vistazo a vuestro túnel", le digo. "Hoy estoy pequeñita y normalmente me tenéis miedo", añado. Los niños ratón susurran entre ellos. "Entonces ven con nosotros, te enseñaremos nuestro túnel. Pero primero tienes que lavarte", dice con firmeza el ratón más grande. Me enderezo y vuelvo a ponerme en pie.

Los ratones corren delante y yo corro tras ellos. Me conducen a un charco donde puedo restregarme los brazos y las piernas. El agua es refrescante y por fin me enfrío un poco. Dejo que me pase por la cara una y otra vez y me encantaría tumbarme completamente en ella, pero ahora no tengo tiempo para eso. Ahora que estoy medio limpio de nuevo, por fin quiero ver el túnel de los ratones. Los niños ratón corren hacia delante y yo corro tras ellos. Tan rápido como antes salieron del túnel, tan rápido entramos ahora. Tengo que esforzarme mucho para ver algo, pero mis ojos se están acostumbrando a la oscuridad. Corremos por curvas cerradas, es cuesta arriba y cuesta abajo. No me canso de hacerlo y empiezo a sentirme como un auténtico ratón. Entre medias, salto de alegría. Toco las paredes del túnel con las manos. Se sienten frías y terrosas y de vez en cuando se desprende un poco de tierra.

Los túneles son una auténtica red de pasillos. Algunos son más grandes y anchos y otros estrechos y estrechos. Ahora es una subida empinada y tengo que arrastrarme a cuatro patas para llegar arriba. Los niños ratón me enseñan todos los rincones de su casa hasta que en algún momento me canso bastante. Me dejo caer al suelo del túnel y tengo que descansar un momento. "Ha sido el día más emocionante de toda mi vida", digo feliz.

Noto cómo mis ojos se cierran lentamente. Los ratoncitos se acurrucan a mi lado, ellos también están cansados porque me han enseñado mucho. Entonces me duermo lentamente. En mis sueños sigo siendo pequeña. Vuelvo a correr por la hierba alta, ayudo a las hormigas en su trabajo y exploro los túneles de los ratones. Podría seguir soñando así eternamente.

El surfista

Te sientas en tu tabla de surf y dejas que tus pies cuelguen en el agua. Tu cuerpo se mueve suave y silenciosamente hacia arriba y hacia abajo. Una y otra vez. Tus rodillas rompen la superficie del agua y luego vuelven a hundirse en el mar. Desde arriba, el sol brilla sobre tu piel y te llena de una sensación de calor. Es agradable calentarse desde arriba y refrescarse desde abajo. Sumerges las manos en el océano y te mojas la frente y las mejillas con las manos húmedas.

El agua brilla sobre tu piel. Cada gota que el mar salpica en tus brazos y piernas parece un pequeño diamante. Muy por debajo de ti, puedes ver a los animales nadando en el agua. El mar es muy claro y azul, por lo que puedes ver muy bien a las criaturas marinas. Ves pequeños peces de todos los colores. Nadan en bancos muy cerca del fondo marino y buscan comida. Sus movimientos parecen suaves y cómodos. Nadan tranquilamente y no notan las olas en la superficie. De vez en cuando desaparecen en el coral y vuelven a salir de él de repente. Una raya se acerca a ti. Se desliza por el mar, por un momento cubre a los peces y sólo es visible su gran lomo. No presta atención al pez y sólo quiere seguir su camino. Sus aletas se mueven arriba y abajo mientras planea, de modo que siempre nada a la misma altura. Se sumerge bajo ti y reaparece al otro lado. Ahora desaparece en la distancia. Quizá esté de camino a casa. ¿Hacia dónde crees que está nadando?

Los peces siguen nadando en el mismo sitio. En silencio y en secreto, unos cuantos caballitos de mar se han unido a ellos. Siguen empujándose alegremente hacia arriba para desplazarse. Algunos de ellos tienen el vientre redondo y sin duda esperan tener pronto crías.

En las profundidades ves unas esferas pequeñas y verdosas nadando a tu alrededor. Se acercan a la superficie del agua y, cuando ya están muy cerca de ti, reconoces sus caparazones verdosos y su piel correosa. Un grupo de pequeñas tortugas te mira con curiosidad. Se interesan por tus pies y parecen preguntarse cómo han llegado al agua. De vez en cuando te tocan ligeramente y notas lo lisos que son sus caparazones y las protuberancias que tienen. Las tortugas aún parecen jóvenes y juguetonas. Siguen siendo completamente despreocupadas y disfrutan explorando todo lo ajeno. Hacen movimientos espasmódicos, con el caparazón sobresaliendo del agua de vez en cuando. Allí brilla al sol y proyecta reflejos de luz verde sobre la superficie del agua.

¿Por qué no extiendes los brazos y los sostienes en el agua? Quizá te toquen las yemas de los dedos con sus caritas. Tienes que ser paciente para que puedan confiar en ti. Mantén los brazos muy quietos y respira constantemente. ¿Lo ves? Ya se están acercando. Sus narices entran en contacto contigo cautelosamente. Tocan brevemente la punta de tus dedos y luego se alejan de nuevo, se retuercen, nadan un gran círculo y vuelven a ti. Parece como si quisieran jugar contigo. Disfrutas de este momento y sientes el suave viento que corre por tu pelo.

Es muy tranquilo. Lo único que oyes es el sonido del mar y las suaves olas que chocan contra tu tabla de surf. El viento te lleva en tu tabla cada vez más lejos a lo largo de la costa. El pequeño grupo de tortugas te sigue durante un rato. Al final parecen cansarse y se quedan atrás. Aún puedes verlas, pero nadan lentamente en la otra dirección y emprenden el camino de vuelta. La vida en el fondo del mar también ha cambiado.

Has pasado por encima del coral y ahora ves una zona de arena desnuda. En algunos lugares la arena parece curvada y asoman manchas oscuras. Probablemente algunas criaturas marinas se han enterrado aquí en la arena. Tal vez algunas rayas. ¿Quién crees que está durmiendo en la arena? Unos cuantos cangrejos se arrastran por la superficie de la arena. Su color es muy claro y ligeramente beige. Apenas puedes verlos sobre la arena, tienes que mirar muy de cerca. Caminan de lado y sólo moviéndose puedes distinguirlos. Hay unos cuantos grandes y toda una horda de cangrejos más pequeños. Puede que sea una gran familia con tíos, primos y abuelos. Probablemente estén de excursión familiar.

Un grito suave llama tu atención. Miras al cielo y tienes que ponerte la mano delante de los ojos para que el sol no te ciegue. Una gaviota te sobrevuela en grandes círculos. Probablemente también ha descubierto los cangrejos y está buscando comida. Curiosa, vuela sobre ti una y otra vez, emitiendo breves llamadas. Al cabo de un rato, se les unen más gaviotas. Ahora vuelan juntas en formación y todas siguen a una gaviota más grande que vuela delante.

Es un bello espectáculo en el cielo. Una y otra vez la formación cambia, como si un único y enorme animal se moviera en el cielo. Una nube se acerca y proyecta algo de sombra sobre las gaviotas y sobre ti. A estas alturas, las gaviotas parecen oscuras y contra la nube blanca las formas de sus cuerpos destacan con crudeza. Aparece una imagen blanca con manchas voladoras negras. Las gaviotas son bastante persistentes y siguen vislumbrando los cangrejos. Sólo cuando la nube ha pasado y el sol vuelve a brillar con toda su fuerza sobre el océano, se rinden y avanzan hacia la costa.

Se vuelve a hacer el silencio y puedes volver a centrar tu atención en la vida que hay debajo de ti. Mientras tanto, tu tabla de surf se desliza sobre una sección rocosa. Muchas criaturas marinas parecen sentirse como en casa aquí, porque está repleto de vida debajo de ti. Ves muchos peces, pero son menos coloridos y todos se parecen bastante. Hay peces grises, negros y de color parduzco. No dejan de chocar la boca contra las rocas y parecen estar comiendo algo de ellas. Sus cuerpos se mueven de un lado a otro, de un lado a otro. Una y otra vez. Las algas asoman entre las rocas. La corriente mueve las hojas de algas en el agua como si soplara un fuerte viento. Los peces, sin embargo, no se distraen por ello y continúan su búsqueda de alimento.

Se acerca un gran pez. Nada lentamente hacia el paisaje rocoso. A su paso lleva otros peces pequeños que se parecen a nuestros peces de aquí. Nadan cerca de su cuerpo, haciendo los mismos movimientos hacia delante y hacia atrás. Parecen estar limpiando la piel del pez grande.

Cuando nuestros peces se fijan en el grande, algunos se apartan de las rocas y también empiezan a limpiarlo. Así no le tienen miedo. Otros peces que han venido con el gigante se apartan de él y se unen a los peces de las rocas. Me parece que es un ir y venir. El pez grande no se detiene y pasa nadando sin vacilar. Parece que tiene un objetivo y no tiene tiempo de prestarte atención.

Unos cuantos erizos de mar salen de debajo de las rocas. El gran pez debe de haberles llamado la atención. Se mueven muy lentamente por las rocas. Sus espinas apenas son visibles desde aquí arriba. Puedes ver claramente sus cuerpos oscuros y redondos. Hay seis o siete retozando allí. Tu tabla se desliza ahora sobre las rocas y ellas también desaparecen lentamente de tu vista. El agua se vuelve aún más clara a medida que vuelves a acercarte cómodamente a la costa.

Muchos pececillos están ahora a tu lado. Hay mucha actividad entre ellos y parecen estar muy ocupados. Tienen un color pálido y parecen casi transparentes. También puedes ver unas cuantas conchas en la arena. Cuanto más te acercas a la playa, más conchas hay en el lecho marino. Decoran la arena con sus diferentes colores y formas, como una obra de arte. Si estiras bien las piernas, casi puedes tocar el suelo con los pies. Flotas en las aguas poco profundas y el hábitat poblado de peces se convierte en un paisaje de una sola concha. Aquí y allá también hay unas cuantas piedras preciosas debajo.

Probablemente los peces prefieren permanecer en aguas más profundas. Allí se sienten más seguros. Las puntas de tus pies sienten la primera arena en la piel. Dejas que se arrastren por la suave arena y durante un breve instante dejan huellas en ella. Luego son arrastrados de nuevo por una suave corriente. Tus pies encuentran ahora su sitio y has llegado a la playa. Ya es tarde y la playa está casi desierta. Mientras te despides, vuelves a mirar hacia el agua y recuerdas todo lo que has visto hoy. Tantas criaturas diferentes en sus distintos entornos. La vida en el mar es única y especial.

Te levantas y te metes la tabla bajo el brazo. Te llevas tus recuerdos a casa y esperas nadar tú mismo por las profundidades del mar en tus sueños.

Estoy sentada en la playa. Estoy descalza y he hundido los pies en la arena. En la superficie, la arena está muy caliente. Más abajo, sin embargo, se siente un poco húmeda, fría y refrescante. Muevo los dedos de los pies y siento cómo la arena corre entre ellos. La arena se amontona bajo mis dedos, empujando un poco mis pies hacia arriba. Los hundo de nuevo y disfruto de la sensación. Podría sentarme aquí durante horas con el sol en la piel y el sonido del mar en los oídos.

Siento un ligero cosquilleo en la espalda. Una mezcla de rayos de sol y pequeños granos de arena arrastrados por el viento hasta mi piel. Es como si alguien me hiciera cosquillas. El mar está a sólo unos metros de mí. Los rayos del sol brillan tanto que la superficie del agua resplandece como mil diamantes. Es un poco cegador y tengo que entrecerrar un poco los ojos para mirar. Huelo la sal del mar y la arena caliente. Cojo mi botella de agua y bebo un buen trago. El agua aún está fresca, pero en los próximos minutos estoy segura de que primero estará tibia y luego bastante caliente. El agua me refresca un poco.

También podría sentarme a la sombra, pero me encanta la sensación que dejan en mi piel los rayos del sol. Me tumbo un momento y siento el calor del suelo, a pesar de que llevo una camiseta. Sobre mí veo un gran velo de calor. No hay ni una nube a la vista y seguramente hoy no lloverá más. Estiro los brazos y los muevo en la arena como un pájaro que agita las alas. En el proceso, también escarbo un poco la arena superior aquí y mis brazos alcanzan la arena más fría de abajo. Me siento bien. Pongo la cabeza a un lado y miro la playa. Está casi desierta. Sólo veo a un anciano de pelo blanco. Lleva un rato caminando arriba y abajo junto al agua. Lleva un cubo y mira hacia abajo todo el tiempo. De vez en cuando se agacha y coge algo. Luego lo mete en el cubo.

Me pregunto qué será. Quizá colecciona cangrejos o piedras preciosas. Se da cuenta de mi mirada y me saluda con la mano. Levanto el brazo derecho de la arena y le devuelvo el saludo. Cuando está más o menos a mi altura, sale del agua y se acerca lentamente a mí. Me incorporo y miro hacia él. Le he visto muchas veces aquí en la playa, pero nunca hemos hablado. Siempre nos saludamos con la mano. Llevamos así mucho tiempo. Yo llevo mi botella de agua y él su pequeño cubo rojo. Tiene que hacer un gran esfuerzo para caminar por la arena. Puede ser bastante agotador, sobre todo cuando eres viejo y no puedes andar tan bien.

Tiene gotas de sudor en la frente y sus pasos son pequeños y pausados. Sin embargo, parece satisfecho y sonríe. Me saluda amistosamente. Su voz suena áspera y polvorienta, casi como el mar. Mira pensativo su cubo y luego levanta la mirada. Sonríe y me pregunta si quiero ayudarle en su búsqueda. El hombre dice que ya es viejo y que no puede agacharse muy bien. Estoy un poco desconcertado y sigo sin saber en absoluto qué hay en el cubo. Parece capaz de leerme la mente, sonríe maliciosamente y me tiende un cubo. Echo un vistazo dentro y veo las conchas más bonitas que he visto nunca. El viejo se emociona al darse cuenta de que ha despertado mi interés. Se alegra y me explica exactamente lo que hace aquí cada día.

Lleva muchos años viniendo a la playa todos los días. Aquí busca conchas, pero no cualquier concha, sino sólo las más bonitas. No son fáciles de encontrar, dice seriamente. Hay que mirar con mucho cuidado y a menudo cavar en la arena porque a veces están muy escondidas. En casa, hace joyas y cuadros con las conchas. Cada pieza es única, subraya. Luego vende sus piezas a los turistas. Disfruta pasando el tiempo con las conchas. Inmediatamente estoy seguro de que quiero ayudarle.

Me levanto de la arena y juntos caminamos tranquilamente de vuelta al agua. El anciano también dirige inmediatamente su mirada hacia la arena. Sus ojos parecen concentrados y su andar produce un tranquilo arrastrar de pies. Caminamos durante un buen rato sin que ocurra nada. Oigo la respiración agitada del anciano. Entonces se detiene y señala un punto en el agua. La arena está ligeramente amontonada en el lugar y me dice que cave allí. Me agacho y siento el agua fría contra las piernas. Mis manos palpan la arena, luego encuentro el lugar y empiezo a cavar con cuidado. Primero surge un cordón brillante. Es de color azul claro y brilla en el agua. Sigo cavando y saco lentamente la concha. El agua clara la enjuaga inmediatamente y no queda ni un grano de arena en ella. La saco y la miro, fascinada. Tiene forma de caracol, un color fuerte y unos bordes azul oscuro que se extienden hasta el interior como una espiral.

Le pregunto al hombre cómo sabía que esa hermosa concha estaba enterrada allí. Me mira misteriosamente, pero no contesta. Coge suavemente la concha y la mete en el cubo. El hombre me da las gracias con la cabeza y seguimos adelante. Lo pruebo y miro el suelo, embelesado. Todo me parece igual. Arena húmeda, algunas algas y de vez en cuando algún pececillo que se ha extraviado. No veo ni una sola concha. El anciano me explica que encontrar las conchas es un don y que se necesita mucha práctica para ello. Seguimos caminando. Una y otra vez las pequeñas olas me salpican los tobillos y me refrescan las piernas. Estoy completamente concentrada y siento mi propia respiración constante de forma muy consciente. Mi cuerpo se mueve rítmica y suavemente por el agua.

El recolector de conchas se detiene de nuevo. No dice nada, pero vuelve a mirar embelesado un punto del suelo. Sé lo que tengo que hacer y me agacho. Con cuidado, acaricio la arena húmeda con la palma de la mano. La acaricio hacia delante y hacia atrás y noto cada grano de arena. Parecen papel de lija suave. De repente, noto una pequeña punta. Froto sobre la punta y emerge un trozo de concha. Empiezo a cavar de nuevo, exponiendo cada vez más la concha hasta que puedo sacarla fácilmente. La concha brilla de un naranja intenso. Su superficie es muy lisa. Su color se vuelve más pálido hacia los lados. Parece una media luna. La forma se adapta bien a la palma de mi mano. Entrego la concha al recolector de conchas. Él la sostiene en sus manos como si fuera una criatura frágil, y luego la mete en su cubo.

Caminamos por la playa durante horas y encontramos otras tres preciosas conchas. Aparece ante nosotros una pequeña cabaña de madera. Está algo escondida entre las palmeras, a la sombra. Aquí, la arena parece intacta, como si alguien rara vez se quedara aquí. Un estrecho camino de madera sale de la cabaña y se adentra en la arena. El coleccionista de conchas me mira y me explica que guarda todos sus tesoros allí, en la cabaña. Con un movimiento de la cabeza me indica que le siga. Caminamos por la arena caliente y llegamos al estrecho sendero. Me siento bien, porque la madera está agradablemente fresca en comparación con la arena.

El recolector abre la puerta con un fuerte crujido. La cabaña tiene grandes ventanas y unos pocos rayos de sol que atraviesan las hojas de palmera iluminan la habitación. Hay una cama individual en la cabaña y aparte de eso no veo más que conchas por todas partes. Toda la habitación está llena de las conchas más hermosas. Están pegadas en lienzos y cuelgan de un soporte como campanillas de viento. Los marcos de los cuadros y los joyeros también están cubiertos de conchas. Me pregunto cuánto tiempo habrá tardado el coleccionista en encontrar todas estas conchas. Está muy erguido a mi lado y lleno de orgullo. Recorro la habitación y observo detenidamente sus obras de arte. Una es más bonita y colorida que la otra.

De repente, el anciano se da la vuelta y rebusca en una caja de madera, luego saca algo y estira la palma de la mano hacia mí. Cuando lo miro, veo un collar. Una cinta de cuero negro con un pequeño colgante de concha colgando en el centro. La concha es de color morado oscuro y tiene casi forma de estrella. Brilla y reluce. Sus puntas parecen redondas y suaves. El anciano me la pone en las manos y me dice que me ponga el collar. Es un regalo por mi ayuda, me explica.

Cuando siento la concha en la piel, me llena de calor. Siento que puedo saborear el mar, oír el viento y sentir el sol. Todas las cualidades del mar están en mi concha. De camino a casa, sostengo la concha con fuerza en la mano. Es algo muy especial.

Incluso por la noche, cuando me tumbo en mi cama, cansada del largo día, aún puedo sentir la playa. Mi concha me acompaña tranquilamente a dormir y sueño con el frescor del mar y el viento en mi pelo.

EL COLUMPIO VOLADOR

Me tumbo en mi cama y sueño. Mi cuerpo es cómodo y suave y estoy agradablemente caliente. Sueño que vuelo por el cielo. Me siento muy ligera e ingrávida. Estoy sentada en un gran columpio y mis piernas cuelgan de un lado a otro en el cielo. Me balanceo tan alto como puedo. Cada vez más alto. Me he quitado los zapatos y siento el viento en los pies. Cuanto más alto me balanceo, más puedo tocar las nubes con los pies. Al principio sólo alcanzo las nubes con las puntas de los dedos de los pies. Las siento suaves, como un algodón de azúcar volador. Mis dedos desaparecen en ellas por un momento, luego reaparecen y separan un poco la nube. Vuelo aún más alto y consigo que mis pies desaparezcan completamente en la nube.

Ahora me estoy columpiando hacia arriba y hacia abajo tan alto que siento un cosquilleo en el estómago cada vez que vuelvo a bajar. Me empujan hacia el columpio y mi pelo vuela hacia mi cara desde atrás. El columpio se mueve en el cielo como un coche a cámara lenta. Me acerco cada vez más a la nube. Ahora ya puedo dejar que la mitad de mi cuerpo se sumerja en la nube. Me roza las piernas y me deja una sensación de cosquilleo. Alargo una mano y me agarro al columpio con la otra. Abro la mano e intento coger un trozo de la nube. Pero cada vez que cierro la mano, se me escapa y vuela un poco más hacia el cielo. Lo intento una y otra vez mientras mis piernas tratan de coger más impulso.

Mientras tanto, me balanceo completamente a través de la nube y atravieso la densa niebla nubosa. Todo es blanco. Sólo unos pocos rayos de sol brillan a través de la niebla y me hacen cosquillas en la nariz. Tengo que entrecerrar un poco los ojos, porque cada vez estoy más cerca del final de la nube y, por tanto, el sol también es cada vez más fuerte. Ya noto el calor en la cara. Mis mejillas se están calentando bastante y también noto el sol en el cuero cabelludo. Mi piel empieza a brillar y ahora me balanceo un poco más despacio para disfrutar de la hermosa vista del sol en el cielo. Veo un orbe amarillo brillante y finos rayos que salen del orbe hacia el cielo. El sol parece llenar de luz todos los lugares. Miro hacia atrás y veo que la nube blanca también brilla intensamente.

A lo lejos veo un avión planeando bajo los rayos del sol. Veo gente sentada junto a las ventanillas. Están asombrados y tan excitados como yo. Algunos me saludan amistosamente y yo les devuelvo el saludo columpiándome. Unos cuantos niños señalan con el dedo mi columpio. Creo que les encantaría intercambiarse conmigo. Yo también saludo a los niños y me columpio muy alto para ellos.

Cada vez que llego arriba, mi columpio se hunde un poco y luego vuelve a subir con más ímpetu. Tengo muchas hormigas en el estómago. Así es como me siento. Creo que si voy más rápido daré una voltereta. Me lo imagino. La fuerza de mi impulso me empuja profundamente hacia el columpio. Mi pelo se agita tanto que apenas puedo ver. Mis piernas se balancean hacia delante y hacia atrás con todas sus fuerzas. Entonces llega el momento: rodeo la barra del columpio como si estuviera haciendo un bucle y siento como si pudiera volar. Mi cuerpo se siente muy ligero.

En mis pensamientos vuelo libremente por el aire. Extiendo los brazos y los agito como los pájaros con sus alas. Mis piernas hacen movimientos natatorios y debajo de mí veo el mundo entero, la tierra con sus colinas y lagos y grandes praderas, el mar y las olas. También veo a la gente en las calles que parecen tan pequeñas como hormigas. Hago picados hacia la tierra y vuelvo a elevarme con fuerza justo antes de llegar al suelo. Luego salgo disparada como una flecha hacia el cielo. Hago un giro y vuelo de espaldas al suelo. De este modo me dejo deslizar como si me llevara la corriente de un río.

Vuelvo a ver a los niños en el avión y cómo se alegran conmigo. Deseo a los niños y de repente todos flotamos juntos como una gran bandada de pájaros. Yo vuelo delante y los pequeños me siguen de cerca. Hacemos algunas piruetas en el aire y la gente en tierra nos aplaude y nos vitorea. Me siento tan libre. Cada centímetro de mi cuerpo siente la felicidad que siento en este momento. Ahora volamos cerca de las copas de los árboles y oigo a los pajarillos piar alegremente. El viento sopla con fuerza en mis oídos mientras volamos cada vez más deprisa. Hemos cogido tanta velocidad que apenas tengo que mover las alas. Me deslizo por el aire porque el viento se ha apoderado totalmente de mis alas. Cada pocos metros hago un solo gran batir de alas, sólo para ser llevada a metros de distancia.

Mientras tanto, el sol brilla calurosamente sobre mi piel, de modo que siento mucho calor a pesar del viento. Imagino que se acerca una lluvia ligera, y ya siento las primeras gotas cayendo sobre mí. La mezcla de sol y lluvia crea un gran arco iris. Me dirijo directamente hacia él, con los niños todavía detrás de mí. Volamos en grandes líneas onduladas y contemplamos el arco iris desde todos los ángulos. Sus colores iluminan el cielo y todo a nuestro alrededor parece ahora colorido. Incluso los prados y campos que tenemos debajo están bañados por la luz.

Es un mundo lleno de color. Parece tan tranquilo y silencioso. Ningún sonido penetra hasta nosotros. La lluvia me ha refrescado maravillosamente y en mis pensamientos la detengo. Ahora sólo el sol vuelve a brillar y unas pocas nubes proyectan sus sombras sobre nosotros. Volamos más cerca de la tierra y zumbamos sobre el lecho del río. La superficie del agua brilla al sol y yo me reflejo en el agua. Parezco contento y feliz mientras vuelo por el aire. Aún puedo ver a los otros niños detrás de mí. Están animando con alegría y riendo con todo su corazón. Qué sensación tan maravillosa.

Volvemos a elevarnos en el cielo. Otra bandada de pájaros viene volando hacia nosotros. Al menos cien pájaros vuelan hacia nosotros en formación de V. Nos esquivan hábilmente. Se separan de modo que la mitad nos pasa por la derecha y la otra mitad por la izquierda. Durante un minuto estamos en medio de la bandada. Lo único que oigo es el batir de alas por todas partes y estoy realmente impresionado por todo el viento. Parece como si hubiéramos aterrizado en medio de una nube negra. Los pájaros vuelan muy juntos, así que no puedo ver nada más que a ellos. Aquí y allá vislumbro un pico amarillo o dos patas. Luego, de repente, los pájaros vuelven a desaparecer. Los oigo durante unos instantes, pero luego desaparecen y el cielo vuelve a estar azul y despejado.

Despegamos de verdad una vez más y apuntamos hacia las nubes. Estiramos la cabeza en el aire y pisamos el acelerador. Como un cohete que acaba de encenderse, avanzamos y avanzamos a la velocidad del sonido. Atravesamos la capa de nubes y en mi mente aterrizo de nuevo en mi columpio con una sacudida y el impulso me sacude con más fuerza que nunca. Los niños se acomodan en las nubes y se sientan cómodamente juntos. Miran a lo lejos y disfrutan de este momento. Igual que yo.

Me dejo balancear lentamente. Mis piernas cuelgan en el aire y se relajan con este día de movimiento. También dejo que mis brazos cuelguen. El columpio se balancea hacia delante y hacia atrás muy suavemente y finalmente se detiene por completo. Me columpio y me tumbo con los niños en la suave nube que flota suavemente y casi inmóvil en el aire. Me doy cuenta de lo cansada que estoy. Se me cierran los ojos y pienso en este día maravilloso con tantas impresiones, todos los colores, el viento y el sol que me han llenado el corazón. Felizmente, me dejo llevar por un suave sueño.